AF312169

INSTRUCTION

POUR LE SERVICE

DES BOUCHES A FEU

DE CAMPAGNE.

ARTILLERIE A CHEVAL

DE LA GARDE ROYALE.

A PARIS,

Chez ANSELIN ET POCHARD (Srs de Magimel),
Libraires pour l'Art militaire, rue Dauphine, n° 9.

1823.

INSTRUCTION

POUR

LE SERVICE DES BOUCHES A FEU

DE CAMPAGNE.

—————

IL est généralement d'usage dans l'artillerie, d'affec-
ter au service des bouches à feu de campagne, dix
hommes distribués ainsi : deux premiers servans,
deux seconds servans, deux canonniers, deux pourvoyeurs : et dans l'artillerie à cheval, deux gardes-
chevaux ; mais comme il importe de réduire autant
que possible pour chaque pièce le nombre d'hommes,
et par conséquent de chevaux à celui qui est néces-
saire, afin d'en exposer le moins possible ; le second
servant de gauche peut être supprimé, et le peloton
destiné à chaque pièce ne sera composé que de 9
hommes : on pourrait même le réduire à 8, 7, 6, ou
5 hommes, à 5 hommes, c'est le moins ; dans tous
les cas le peloton sera disposé sur deux rangs.

Il y aura toujours un sous-officier chef de pièce,
et quand la troupe sera à cheval, un artificier pour le
service du caisson pendant les feux. Cet artificier
marche à la gauche du peloton, et au second rang
si le peloton est d'un nombre impair.

Lorsqu'on voudra se rendre au parc pour manœu-
vrer, on réunira au quartier les canonniers en les fai-

(4)

sant placer sur deux rangs que l'on divisera ensuite en pelotons de 9 hommes, 8 hommes ou 7 hommes, etc. ; dans chacun de ces pelotons, auquel sera attaché un sous-officier placé à sa droite, on désignera le poste de chaque homme ainsi qu'il suit :

Peloton de 9 hommes.

Premier servant de droite.	Canonnier de droite.
Deuxième servant de droite	Pourvoyeur de droite.
Garde-chevaux.	Garde-chevaux.
Premier servant de gauche.	Pourvoyeur de gauche.
Canonnier de gauche.	(L'artificier).

Peloton de 8 hommes.

Premier servant de droite.	Canonnier de droite.
Deuxième servant de droite	Pourvoyeur.
Garde-chevaux.	Garde-chevaux.
Canonnier de gauche.	Premier servant de gauche.
(L'artificier).	

Peloton de 7 hommes.

Premier servant de droite.	Canonnier de droite.
Deuxième servant de droite	Pourvoyeur.
Garde-chevaux.	Premier servant de gauche.
Canonnier de gauche.	(L'artificier).

Peloton de 6 hommes.

Premier servant de droite.	Deuxième servant de droite
Garde-chevaux.	Pourvoyeur.
Canonnier de gauche.	Premier servant de gauche.
(L'artificier).	

Peloton de 5 hommes.

Premier servant de droite.	Pourvoyeur.
Garde-chevaux.	Premier servant de gauche.
Canonnier de gauche.	(L'artificier).

On voit que dans tous les cas :

1° Le canonnier de gauche, qui est chef de peloton, sera placé à la gauche du premier rang ;

2° Le n° 3 du premier rang sera toujours garde-chevaux, excepté le cas où il n'y a que 6 ou 5 hommes ;

3° Le premier servant de droite sera dans tous les cas à la droite du premier rang ;

4° Le canonnier de droite, quand le peloton est de 9, 8 ou 7 hommes, sera toujours à la droite du deuxième rang.

Les canonniers, ainsi désignés, les chefs de pièce se numéroteront par la droite, afin qu'ils connaissent le n° de leur pièce ; on fera aussi compter par quatre les hommes dans chaque pièce et dans chaque rang par la droite.

L'instructeur commandera alors :

1° *Par pièce à droite* (ou *à gauche*).

2° MARCHE.

Au second commandement, chaque peloton exécutera son à-droite (*ou* à-gauche), à pivot fixe, et s'alignera au commandement de son chef de pièce, ensuite celui-ci se portera un pas en avant de son peloton, après avoir commandé, fixe.

L'instructeur commandera :

1° *Colonne en avant.* = *Guide à gauche* (ou *à droite*).

2° MARCHE.

Ce second commandement sera répété par tous les chefs de pièce. Si l'instructeur veut que le mouvement s'exécute de suite et sans arrêter les pelotons pour les aligner, il commandera *en = avant* au moment où chaque pièce sera près de finir son à-droite (*ou* à-gauche). Ce commandement sera répété par tous les chefs de pièce.

La troupe se rendra dans cet ordre au parc, où elle sera mise en bataille, de manière que chaque peloton soit vis-à-vis de sa pièce, et lui faisant face. Par exemple : si l'on arrive par la droite de la batterie, il n'y a que deux manières de placer la troupe : 1° en arrière des pièces ; 2° en avant : dans le premier cas on se mettrait sur la droite en bataille, dans le deuxième cas, par inversion sur la gauche en bataille.

La troupe étant étant en bataille, l'instructeur commandera :

EN BATTERIE.

Les chefs des pelotons, c'est-à-dire les canonniers de gauche, commanderont :

PIED A TERRE.

Puis au commandement, *marche*, de l'instructeur, les canonniers de gauche, commanderont :

A VOS POSTES.

Au commandement *pied à terre*, les numéros 1 et 3 du premier rang avancent d'un grand pas, les numéros 2 et 4 du second rang reculent de la même longueur (1). Au commandement *à vos postes*, les ca-

---

(1) Simulacre de ce qu'on ferait si la troupe était à cheval.

nonniers se portent à la pièce et s'arrêtent de manière à se trouver : les premiers servans à hauteur de la bouche de la pièce, et à 18 pouces en dehors des roues; le second servant, vis-à-vis l'essieu, les canonniers à hauteur du bouton de culasse, les pourvoyeurs à un pas de ceux-ci, tous étant alignés sur les premiers servans, et faisant face à la pièce, les gardes-chevaux ne bougent pas de leur place, qui est dans la direction du timon; les canonniers et servans mettent le sabre au crochet, et le chef de pièce distribue les armemens. Tous ces mouvemens s'exécutent à pied comme à cheval.

La manœuvre finie, et les pièces rentrées au parc, les canonniers remettent leurs armemens au chef de pièce, qui les suspend au bouton de culasse. L'instructeur commandera :

A CHEVAL.

A ce commandement les canonniers se forment en pelotons autour des gardes - chevaux le plus vite possible, reprenant la place qu'ils occupaient avant de mettre pied à terre.

Nota. Tous ces mouvemens doivent se faire au pas accéléré. On reviendra au quartier, en se formant en colonne, d'après les mêmes principes que pour le départ.

EXERCICE

DU CANON DE BATAILLE.

La pièce étant sur l'avant-train, et les canonniers placés comme après avoir exécuté le mouvement *en batterie*, si on veut faire marcher la pièce, qui n'est point attelée, on commandera :

1° *En* = AVANT.

2° MARCHE.

Détail (1). Au premier commandement le canonnier de gauche détache un levier à l'aide du premier servant de son côté, et le passe par le petit bont dans les boucles formées par le canonnier de droite, avec la chaîne d'attelage. Les canonniers, le premier servant de gauche, et le second de droite, se placent à ce levier, ces deux derniers en dehors, et le levier appuyé sur la saignée du bras, le premier servant de droite à la volée, les pourvoyeurs aux grandes roues, et les gardes-chevaux aux palonniers.

Au second commandement tous font effort ensemble, et mettent la pièce en mouvement.

Observations. Le canonnier de droite doit avoir attention de ne faire la boucle ni trop grande ni trop petite. Le second servant de droite doit appuyer son porte-lance sur le levier, la lance en dehors. Le premier servant de droite se porte à la volée d'un grand pas du pied droit, se fend de l'autre vers la culasse, et saisit la tranche de la bouche de la pièce avec la main droite, et l'anse avec l'autre main ; les gardes-chevaux saisissent les palonniers, celui de droite avec la main droite, celui de gauche avec la main gauche. S'il y avait un second servant de gauche, il ferait ce que fait ici le premier servant de gauche, qui irait alors à la bouche de la pièce.

Pour arrêter on commandera :

Halte.

Tous les canonniers arrêtent et gardent l'immobilité.

A VOS POSTES.

Détail. Tous reprennent leurs postes en tournant en dehors. Le canonnier de gauche replace son levier à l'aide du premier servant de son côté.

---

(1) On mettra toujours sous le titre *détail* ce que l'instructeur doit exprimer mot à mot aux recrues, et sous celui de *détail abrégé*, ce que chaque chef de pièce doit pouvoir expliquer mot à mot ; on a compris sous le titre *observations*, ce que l'on doit particulièrement recommander.

Observations. Le premier servant de gauche aide le canonnier de gauche de la main gauche, tandis que de la droite il maintient l'anneau carré porte-levier, la paume de la main appuyée, et les doigts allongés dessus pour n'être pas blessé.

Changement d'encastrement.

Pour faire passer une pièce de 8 de l'encastrement de route à celui de tir, l'instructeur commandera :

1° *Préparez-vous à changer d'encastrement.*

2° *Changez d'encastrement.*

3° Ferme.

Détail. Au premier commandement, le canonnier et le premier servant de gauche détachent les leviers, en passent un au premier servant de droite, un au canonnier du même côté, et en gardent chacun un. Les premiers servans ôtent les susbandes ; le second servant de droite enraie la roue au rais le plus haut possible. Les canonniers et premiers servans tiennent leur levier verticalement contre l'épaule droite (1).

Au deuxième commandement, le premier servant de gauche introduit son levier par le gros bout dans l'âme de la pièce, et l'enfonce jusqu'à son milieu ; le premier servant de droite, aidé du second servant du même côté, embarre sous le bouton de culasse, le canonnier de gauche, aidé du pourvoyeur du même côté, embarre sous le premier renfort ; ils soulèvent la culasse ; le canonnier de droite faisant face à l'avant-train, place son levier en rouleau sous le premier renfort, et le fait avancer jusqu'au cintre de mire, de manière que l'arrêtoir dépasse le flasque gauche. Le premier de droite porte son levier en croix sous celui qui est dans la

---

(1) Lorsqu'on détaille aux hommes, il ne faut pas débiter de suite tous les paragraphes : on détaille le premier, et on le fait exécuter, et ainsi de suite. On doit avoir cette attention pour tout détail un peu long.

volée ; le canonnier de droite tourne autour de son levier, et celui de gauche introduit le petit bout du sien dans l'anse droite pour maintenir la pièce. Le pourvoyeur de droite se porte au levier qui est dans la volée, que quitte alors le premier servant de gauche, pour saisir, près de la volée, celui qui est en croix. Le second servant de droite, et le pourvoyeur de gauche, se portent en dehors au secours des premiers servans.

Au troisième commandement, qui est fait lorsque l'instructeur s'est assuré que chacun est bien à son poste, et placé de la manière convenable, les servans agissent ensemble avec force précaution, et sans secousse pour faire descendre les tourillons dans les encastremens de tir. Lorsqu'ils y sont parvenus, le second servant de droite et les pourvoyeurs retournent à leurs postes, les premiers servans pèsent sur la volée, les canonniers dégagent leurs leviers, les posent debout contre les bras du coffret ; celui de droite soutient la semelle de la main droite, les ongles en-dessous, celui de gauche relève la vis de pointage ; le second servant de droite désenraie la roue ; les premiers servans replacent les susbandes. Le canonnier de gauche replace les leviers des premiers servans, à l'aide de celui de gauche ; les canonniers passent les leurs par le petit bout dans les anneaux carrés de support. L'instructeur commandera :

Otez = l'avant-train.

Détail. Le pourvoyeur de droite soulève le bout du timon à hauteur de l'épaule. Le canonnier de droite décroche la chaîne d'embrelage qu'il accroche sur le tiran de volée le plus près ; le canonnier de droite saisit alors un des crochets de crosse de la main gauche, et place l'autre sous le flasque (1). Le canonnier de gauche saisit un des crochets de crosse de la main droite, et place l'autre sous le flasque. Le premier servant de gauche et le second de droite, tour-

---

(1) Si l'on ne venait pas de changer d'encastrement, et que la pièce fût sur son avant-train, tous les armemens rangés, alors le canonnier de gauche détache deux leviers, en passe un au second servant de droite, et garde l'autre, et tous deux introduisent leurs leviers par le petit bout dans les anneaux carrés de support.

nant le dos à la pièce, se placent aux leviers de support qu'ils appuient sur la saignée du bras ; le premier servant de droite se porte à la volée.

2° Alors le premier servant de droite pèse sur la volée, les canonniers et servans enlèvent les crosses pour dégager la cheville ouvrière ; le pourvoyeur de droite, à l'aide de celui de gauche et des gardes-chevaux placés aux palonniers avancent l'avant-train de 5 à 6 pas ; les canonniers posent les crosses à terre.

3° Les canonniers enlèvent le coffret, le portent sur la sassoire, et le placent entre les armons ; l'ouverture du côté du timon, le premier servant de gauche et le second de droite placent aussitôt dans les anneaux de pointage les leviers qui étaient dans les anneaux de support, tandis que l'avant-train avance de quelques pas, à l'aide des pourvoyeurs et des gardes-chevaux : le premier servant de droite prend son écouvillon, à l'aide du second servant du même côté, puis ce dernier fait un à-gauche, et va planter en terre son boute-feu deux pas en arrière, vis-à-vis les anneaux de support.

Observations. Le pourvoyeur de droite doit avoir attention en levant le bout du timon, lorsque la pièce est attelée, de placer ses mains en arrière du grand anneau de la volée, pour ne pas être blessé, si les chevaux faisaient un mouvement. Les canonniers, avant de mettre le coffret entre les armons, doivent le tourner sur la sassoire.

Détail abrégé. *Au commandement*, préparez-vous à changer d'encastrement, *les premiers servans et les canonniers sont munis chacun d'un levier ; les premiers servans ôtent les susbandes ; le second de droite enraie la roue au rais le plus haut possible.*

Au commandement, changez d'encastrement, *le levier du premier servant de gauche dans l'âme de la pièce, le levier du canonnier de droite en rouleau sous le premier renfort ; le levier du premier servant de droite en croix sous celui qui est dans la volée, celui du canonnier de gauche engagé dans l'anse droite de la pièce. Le pourvoyeur de droite au levier qui est dans la volée, les premiers servans, près de la volée, au levier en croix ; le second de droite et le pourvoyeur de gauche en dehors à leur secours.*

1**

Au commandement ferme, *les servans agissent ensemble et font descendre la pièce dans les encastremens de tir ; les premiers servans pèsent sur la volée , les canonniers relèvent la semelle et la vis de pointage , le second de droite désenraie la roue. Les premiers servans remettent les susbandes ; les leviers des premiers servans sont remis dans l'anneau carré , et ceux des canonniers dans les anneaux de support.*

DÉTAIL ABRÉGÉ. *Au commandement ,* ôtez l'avant-train , *le pourvoyeur de droite soulève le timon , le canonnier de droite décroche la chaîne d'embrelage , les canonniers se placent aux crosses ; le second servant de droite , et le premier de gauche aux leviers de support. Le premier de droite à la volée , ils dégagent la cheville ouvrière , l'avant-train avance de 5 à 6 pas , les canonniers placent le coffret dessus , le premier de gauche et le second de droite placent les leviers de pointage , l'avant-train avance de quelques pas , le premier servant de droite prend son écouvillon , et le second servant plante son boute-feu en terre derrière lui.*

Position des canonniers et servans l'avant-train ôté.

1° Les premiers servans à hauteur de la bouche de la pièce ; le second servant de droite à hauteur du bouton de culasse ; les canonniers à hauteur du milieu des leviers de pointage , les uns et les autres faisant face à la pièce, et à dix-huit pouces hors de l'alignement des roues. Les pourvoyeurs à hauteur de l'essieu de l'avant-train , et les gardes-chevaux à la place qu'ils occupaient, quand on a mis pied à terre, et dans la direction du timon, tous faisant face à la pièce.

2° Le premier servant de droite tient l'écouvillon des deux mains, la main gauche à environ 3 pouces de la virole, les ongles en dessous, la main droite partageant la hampe à peu près également, les ongles en dessus, les bras très-peu pliés, l'écouvillon un peu incliné du côté de la brosse.

3° Le second servant de droite est chargé d'un étui à lance pendant à gauche, et d'un porte-lance qu'il tient dans la main gauche, le bras gauche placé le long de la cuisse gauche, le porte-lance un peu incliné en arrière.

4° Le canonnier de gauche porte un doigtier au doigt du milieu de la main gauche; il a de plus un dégorgeoir et un sac à étoupilles en ceinture (1).

Les pourvoyeurs alternent entre eux pour porter les munitions à la pièce, et pour cela sont chargés d'un sac à cartouches pendant à gauche, où l'on met ordinairement trois coups.

Pour faire charger et tirer, l'instructeur commandera :

Commencez le feu.

Aussitôt chaque chef de pièce commandera :

En action.

Détail. Les premiers servans se fendent vivement d'environ un pas vers l'essieu, pliant le genou qu'ils ont écarté, et tendant l'autre ; les pieds également tournés en dehors ; les talons sur une ligne parallèle à la pièce, et la tête tournée vers la bouche de la pièce.

2° Le second servant de droite fait un quart d'a-gauche, avance le pied gauche, et allume sa lance au boute-feu, se relève et tient son porte-lance des deux mains, le bras gauche le long de la cuisse-gauche, les ongles en dessous.

3° Le pourvoyeur de gauche se porte au coffret ou au caisson, reçoit 3 cartouches, et vient se placer à la pièce à hauteur, et à environ un pas du bout de la fusée de l'essieu.

---

(1) Ces deux objets seraient portés par le second servant de gauche s'il y en avait un.

4° Le canonnier de droite se porte du pied droit vers l'extrémité des leviers de pointage , et se fend du gauche ayant tourné sur la pointe du pied droit, pour faire face à la pièce, saisit un levier de chaque main , dirige la pièce, et au moment où le pourvoyeur passe à sa hauteur, il commande :

CHARGEZ.

DÉTAIL. 1° Le canonnier de gauche fait un grand pas du pied droit vers la culasse posant le pied d'équerre avec l'affût à quatre pouces du flasque , se fend en avant de la jambe gauche, plie le genou de ce côté, tend la jambe droite, bouche la lumière avec la main gauche, saisit de la main droite une branche de la manivelle de la vis de pointage, et pointe la pièce.

2.° Le canonnier de droite reste aux leviers de pointage, pour rendre les crosses à droite ou à gauche, selon que l'indique le canonnier de gauche.

3° Les premiers servans se relèvent sur la jambe opposée à l'essieu, celui de droite tend le bras droit de toute sa longueur, le coude gauche près du corps, la brosse de l'écouvillon à hauteur des épaules, et à environ 3 pouces de la poitrine, la main gauche contre la virole, l'écouvillon dans une direction horizontale et parallèle à la pièce. Les deux servans se portent ensemble à la pièce de la jambe qu'ils viennent de relever, plaçant le talon à hauteur de l'astragale et à égale distance de la roue et du flasque, se fendant de l'autre jambe d'environ un pas parallèlement à la pièce, les pieds dans la même direction qu'ils avaient dans la position *en action*. Le jarret intérieur tendu, pliant celui de l'extérieur; le premier servant de droite présente en même temps la brosse devant la bouche de la pièce, la hampe dans le prolongement de l'âme ; le premier servant de gauche saisit la hampe de la main gauche au-delà et près de la main du premier servant de droite, les deux servans tendent ensuite les deux jarrets extérieurs, introduisent l'écouvillon jusqu'au fond de l'âme de la pièce, en deux fois, et saisissent la hampe de la main qui est libre, les ongles en dessous, en entrelaçant leurs poignets et tendant les jarrets.

4° Ils écouvillonnent deux ou trois fois dans les deux sens, en commençant par la droite, c'est-à-dire vers le servant de droite, ayant soin de bien sentir la brosse au fond de l'âme.

5° Les premiers servans abandonnent la hampe de la main, près de la pièce, retirent l'écouvillon en deux fois : l'écouvillon retiré, le premier servant de gauche l'abandonne, et le premier servant de droite plie le bras droit en redressant l'écouvillon, la brosse en bas, le poignet vis-à-vis l'épaule droite : il saisit aussitôt la hampe de la main gauche renversée immédiatement au-dessus de la droite, qu'il replace les ongles en dessus en achevant de faire mouiner l'écouvillon entre sa poitrine et la bouche de la pièce, et tend de nouveau le bras droit, en faisant glisser la hampe dans la main gauche, jusqu'à la virole, de manière que le refouloir soit à hauteur de la bouche de la pièce ; pendant ce temps, le premier servant de gauche, tendant les jarrets, reçoit par la droite la charge qu'il place de la main gauche dans la bouche de la pièce, la main droite la soutenant par-dessous.

6° Le premier servant de droite rapporte son écouvillon dans la direction de la pièce, enfonce avec la main gauche la tête du refouloir dans l'âme de la pièce, et abandonne la hampe de cette main qu'il place sur la cuisse gauche ; le premier servant de gauche saisit de la main gauche la hampe au-delà et près de celle du premier servant de droite, ils agissent comme pour introduire la brosse, et enfoncent la charge, puis refoulent deux coups bien égaux, tendant et pliant alternativement les jarrets.

Observations. Tant que l'écouvillon est dans l'âme de la pièce, l'œil du premier servant de droite doit être fixé sur la lumière, pour s'assurer qu'elle est bien bouchée ; si elle ne l'était pas, il abandonnerait, ainsi que celui de gauche, la hampe, en criant : *bouchez la lumière.*

7° Après avoir refoulé, le premier servant de gauche lâche l'écouvillon, mais l'accompagne de la main, afin que, coupant en arrière du pied gauche, et se fendant du pied droit sur le côté, pour reprendre la position *en action*, il arrive à son poste en même temps que le premier servant de droite.

Le premier servant de droite retire le refouloir d'un seul coup, en tendant vivement le bras droit de toute sa longueur et entr'ouvrant les doigts pour que la hampe puisse glisser, la saisissant de nouveau par le milieu à l'instant où le refouloir sort de la pièce, il se relève alors sur la jambe gauche, pliant le bras droit, et redressant l'écouvillon, la brosse en haut, le poignet vis-à-vis l'épaule droite : il se retire à son poste , en coupant en arrière d'un grand pas du pied droit, fait mouliner l'écouvillon à l'aide de la main gauche, et retombe dans la position *en action*, de manière que la main droite soit replacée les ongles en dessus en même temps que le pied gauche pose à terre.

8° Le pourvoyeur de gauche, lorsque le premier servant de gauche se porte à la pièce pour écouvillonner, se relève sur la jambe gauche, se fend de la jambe droite vers le premier servant de gauche, en assemblant du pied gauche se trouve placé à un pas derrière lui, pour lui remettre la charge ; il revient ensuite à hauteur de la fusée de l'essieu, par les mouvemens contraires. Les trois coups qu'il porte épuisés , il est remplacé par le pourvoyeur de droite, et ainsi de suite alternativement.

9° La pièce chargée et pointée , le canonnier de droite se retire, partant d'un grand pas du pied gauche vers sa droite, assemblant du droit en tournant à gauche sur la pointe du pied gauche. Le canonnier de gauche se relève sur la partie gauche , dégorge de la main droite , place l'étoupille de la main gauche , fait à-droite et deux pas en partant du pied droit , et se replace face à la pièce par un à-gauche , puis mettant la main gauche sur le sac à étoupilles , il fait, de la main droite, le signal de mettre le feu , en étendant le bras horizontalement , et de toute sa longueur.

10° Le deuxième servant de droite ne met le feu qu'au signal du canonnier de gauche, ou au commandement de l'officier , pour cela, il passe son porte-lance entre le flasque et la roue, de manière à mettre le feu les ongles en dessus, en évitant de porter la flamme de la lance sur la lumière. Le feu mis, il retire rapidement la lance de la même manière.

Le coup parti on charge de nouveau la pièce, et on continue le feu.

Détail abrégé. *Au commandement* en action.

Les premiers servans se fendent vers la culasse, le second servant de droite allume sa lance, le pourvoyeur de gauche apporte les munitions, le canonnier de droite dirige la pièce, et fait le commandement :

Chargez.

Aussitôt le canonnier de gauche bouche la lumière et pointe la pièce ; les premiers servans écouvillonnent et chargent la pièce ; dès que la pièce est chargée et pointée, le canonnier de gauche dégorge, place l'étoupille, retourne à son poste, et fait le signal de mettre le feu.

L'instructeur voulant faire cesser le feu, commandera :

Cessez le feu.

DÉTAIL. A ce commandement (1), le second servant de droite fait un à-gauche, puis tournant la main gauche les ongles en dessus, abandonne le porte-lance de la main droite, tiré son sabre, et se fendant en avant de la jambe gauche, il coupe la lance, mise à plat contre terre, près le bout enflammé, et fait ensuite face à la pièce (2). Les premiers servans reprennent la position qu'ils avaient avant le commandement *en action*.

L'artificier, qui a eu soin de n'entamer à la fois qu'une case du caisson, étoupe la case qui n'a pas été épuisée, pour empêcher les charges de ballotter.

L'instructeur, voulant faire changer les canonniers d'un poste, commandera :

1° *Par la gauche = changez d'un poste.*

2° MARCHE.

Au premier commandement, le premier servant de droite pose son écouvillon contre le moyeu de la roue,

---

(1) Si la pièce était chargée on y mettrait le feu : attendu qu'une pièce, qui est chargée, ne doit jamais être exposée à être mise en mouvement. Au besoin on se servirait plutôt du tire-bourre, que de la faire marcher dans cet état.

(2) Il faudrait mieux couper la lance avec un couteau, qui pourrait faire parti des armemens

la brosse en haut, et fait par le flanc gauche, ainsi que tous les canonniers et servans qui sont à la pièce, à l'exception du premier servant de gauche, qui ne bouge pas, ainsi que le pourvoyeur du même côté ; le pourvoyeur de droite fait demi-tour à droite ; le canonnier de gauche pose son doigtier, son sac à étoupilles, et son dégorgeoir sur les flasques, et le second servant de droite pose son porte-lance contre les anneaux carrés de support, et accroche l'étui à lances au bouton de culasse.

Au deuxième commandement, chacun prend le poste qui est immédiatement à sa gauche, en partant du pied gauche, et fait face à la pièce, en prenant les armemens qu'il doit avoir à ce nouveau poste.

Si on le jugeait convenable on ferait de même changer de deux postes, de trois postes, etc.

Si l'instructeur veut faire porter la pièce quelques pas en avant, il commandera :

1.° *A* bras = *en avant.*

2.° MARCHE.

DÉTAIL. Au premier commandement, le premier servant de droite porte le pied gauche de côté et à hauteur de la fusée de l'essieu, coupe en arrière du pied droit, et fait face à l'ennemi ; pendant ce mouvement, il porte l'écouvillon sur l'épaule droite, la brosse en bas, en faisant glisser la main droite le long de la hampe, jusqu'à un pied de la virole, et abandonne de suite la hampe de la main gauche, pour saisir un rais près de la jante ; le premier servant de gauche fait un pas du pied gauche vers la droite, puis un pas du pied droit, et tournant sur la pointe des pieds pour faire face à l'ennemi, saisit un rais de chaque main, le petit doigt contre la jante ; le second servant de droite fait un pas du pied gauche, se fend du droit en avant, saisit le bouton de culasse de la main gauche, et l'anse droite de la pièce de l'autre main, tenant de cette même main le porte-lance, la lance en avant. Les canonniers se portent à l'extrémité des leviers de pointage, partant chacun du pied le plus près des crosses; assemblent de l'autre, en tournant sur la pointe du premier, pour faire face à l'ennemi.

Au deuxième commandement, les canonniers et servans font effort pour faire avancer la pièce ; les canonniers saisissent à cet effet les leviers de pointage des deux mains, et soulèvent les crosses.

La pièce étant assez avancée, on commandera :

Halte.

Les canonniers ont soin d'accompagner les crosses à terre ; tous reprennent vivement leurs postes par des mouvemens contraires, excepté les canonniers qui partent du pied duquel ils s'étaient portés à la pièce, et assemblent de l'autre, en tournant sur la pointe du premier.

Détail abrégé. *Au commandement à* bras en avant, *les premiers servans se portent aux roues, le premier servant de droite tenant son écouvillon sur l'épaule droite ; le second de droite se porte à la culasse ; les canonniers aux leviers de pointage, tous faisant face à l'ennemi.*

Au commandement, marche, *les canonniers et servans font effort pour faire avancer la pièce.*

Au commandement, halte, *les canonniers et servans reprennent vivement leurs postes.*

Si, au lieu de vouloir porter la pièce en avant, l'instructeur voulait la faire reculer, il commanderait :

1° *A bras* = *en arrière.*

2° Marche.

DÉTAIL. Au premier commandement, le premier servant de droite passe son écouvillon sur l'épaule gauche, la brosse en bas, et la main gauche à un pied de la virole, part d'un grand pas du pied gauche, et se fend du droit, faisant effort de la main droite à l'anse droite de la pièce ; le premier servant de gauche fait un petit pas du pied gauche vers la fusée de l'essieu, se fend du droit vers la culasse, et saisit un rais de chaque main, le petit doigt contre la jante ; le deuxième servant de droite fait un petit pas du pied gauche vers la fusée de l'essieu, se fend du droit, et saisit un rais de chaque main. Les canonniers se placent contre l'extrémité des leviers de pointage, partant chacun du pied le plus loin des crosses, assemblent de l'autre, en tournant sur la pointe du premier, pour tourner le dos à l'ennemi, ainsi que tous les servans.

Au deuxième commandement, les canonniers saisissent les leviers de pointage d'une main, soulèvent les crosses, et tous font effort pour faire reculer la pièce. Le second servant de droite place son porte-lance contre la jante, la lance au dehors.

La pièce étant assez reculée on commandera :

HALTE.

Les canonniers ont soin d'accompagner les crosses à terre ; tous reprennent vivement leurs postes par des mouvemens contraires, excepté les canonniers qui partent du pied duquel ils s'étaient portés à la pièce, et assemblent de l'autre, en tournant sur la pointe du premier.

DÉTAIL ABRÉGÉ. *Au commandement*, à bras en arrière, *le premier servant de droite, tenant son écouvillon sur l'épaule gauche, se porte à la volée ; le premier servant de gauche, et le second servant de droite se portent aux roues, les canonniers aux leviers de pointage, tous tournant le dos à l'ennemi.*

Au commandement, marche, *les canonniers et servans font effort pour faire reculer la pièce.*

Au commandement, halte, *les canonniers et ser-*
vans reprennent vivement leurs postes (1).

Pour faire exécuter le mouvement qui sert à rendre
les honneurs, l'instructeur commandera :

En ═ PARADE.

DÉTAIL. A ce commandement, les canonniers et servans
tournant le dos à l'avant-train, se portent vivement : les premiers servans à hauteur de la bouche de la pièce ; celui de
droite, portant l'écouvillon sur l'épaule droite, comme il a
été expliqué pour le commandement, *à bras en avant*, et les
autres laissent chacun un pas derrière celui qui le précède ;
le second servant de droite tient son porte-lance verticalement le long de la cuisse droite ; et au commandement, *à
vos postes*, chacun reprend vivement son poste.

L'instructeur voulant faire remettre l'avant-train,
commandera :

AMENEZ ═ L'AVANT-TRAIN.

DÉTAIL. Le premier servant de droite replace l'écouvillon
à l'aide du second servant du même côté, les canonniers
ôtent les leviers de pointage, et les passent au second servant de droite et au premier servant de gauche, qui les in-

---

(1) Dans ces deux cas on a supposé qu'il n'y avait pas de
deuxième servant de gauche ; mais s'il y en avait un : au commandement, *à bras en avant*, il se porterait à la pièce du pied droit, se
fendant du gauche, saisirait de la main gauche l'anse gauche, et de
la main droite le bouton de culasse : au commandement, *à bras en
arrière*, le second servant de gauche, partant du pied droit vers
la fusée de l'essieu, et se fendant du gauche, saisirait un rais de
chaque main, en tournant le dos à l'ennemi. Alors le premier servant
de gauche partant du pied gauche vers la volée, et se fendant du
pied droit, saisirait de la main droite l'anse gauche de la pièce,
et la tranche de la main gauche.

troduisent par le petit bout, dans les anneaux carrés de support, le pourvoyeur de droite se porte au bout du timon, et fait reculer l'avant-train, à l'aide des gardes-chevaux et du pourvoyeur de gauche. Les canonniers enlèvent le coffret et le placent entre le délardement des flasques, l'ouverture du côté du canonnier de droite.

2° Alors le premier servant de droite pèse sur la volée, et les autres servans, ainsi que les canonniers, soulèvent les crosses comme pour ôter l'avant-train, afin d'introduire la cheville-ouvrière dans la lunette ; le pourvoyeur de droite reculant à cet effet l'avant-train, et soulevant le bout du timon, jusqu'à ce que le canonnier de droite ait accroché la chaîne d'embrelage. Alors le second servant de droite et le canonnier de gauche ôtent les leviers de support ; et ce dernier, à l'aide du premier servant de gauche, les replace dans l'anneau carré porte-levier (1) ; le second servant de droite reprend son boute-feu.

Détail abrégé. *Au commandement, amenez l'avant-train, le premier servant de droite replace l'écouvillon, les canonniers passent les leviers de pointage au second servant de droite et au premier de gauche, qui les introduisent dans les anneaux de support. Le pourvoyeur de droite recule l'avant-train; les canonniers replacent le coffret, remettent la pièce sur l'avant-train, à l'aide du second servant de droite et du premier de gauche; le canonnier de droite accroche la chaîne d'embrelage, celui de gauche replace les leviers de support, et le second servant de droite reprend son boute-feu.*

Si l'on voulait, qu'ayant remis l'avant-train, le timon se trouvât du côté vers lequel la bouche de la pièce est dirigée, l'instructeur commanderait :

AMENEZ = L'AVANT-TRAIN EN AVANT.

Détail. A ce commandement, l'avant-train, auquel les pourvoyeurs feraient faire un demi-tour à gauche, passerait à

---

(1) Ces leviers doivent toujours être rangés de manière que le premier et le troisième soient appuyés contre le flasque.

droite et près de la pièce, la file des servans de droite serrerait contre le flasque, pour laisser passer l'avant-train : aussitôt, les deux files (celle de droite agissant *à bras en avant*, l'autre *à bras en arrière*) feraient faire demi-tour à gauche à la pièce, et la rechargeraient immédiatement sur l'avant-train comme il a été expliqué.

Ordre de remplacement des hommes hors de combat.

Les hommes qui viendront à manquer à la pièce seront remplacés de suite, savoir :

Le premier homme manquant, par le canonnier de droite, que suppléera celui de gauche, chargé de trois fonctions ; il aura attention de ne faire le commandement, *chargez*, que lorsqu'il aura bouché la lumière.

Le deuxième manquant, par le second servant de droite, que suppléera le premier servant du même côté ; à cet effet, après avoir chargé, il passera l'écouvillon sur l'épaule gauche, et saisira le porte-lance.

Le troisième manquant, par le pourvoyeur de gauche.

Le quatrième manquant, par le pourvoyeur de droite, et l'artificier est obligé d'approvisionner la pièce.

Le cinquième homme manquant, par le canonnier de gauche, que suppléera le chef de pièce.

Si la file de gauche vient à manquer, le canonnier de droite passe canonnier de gauche, il remplit alors trois fonctions ; le second servant de droite devient premier servant de gauche.

Si la file de droite vient à manquer, le pourvoyeur de gauche devient premier servant de droite, et remplit deux fonctions, et le canonnier de gauche supplée au canonnier de droite.

Pour simuler ces divers cas, l'instructeur commandera :

Tel servant ou *canonnier* (de gauche ou de droite), MANQUE.

Ou bien : *la file de droite* (ou de gauche) MANQUE.

Dans chacun de ces cas, chaque homme désigné cesse ses fonctions, et se place trois pas en arrière de son poste.

L'instructeur voulant faire passer la pièce dans l'encastrement de route, commandera :

1° *Amenez l'avant-train et préparez-vous à changer d'encastrement.*

2° *Changez d'encastrement.*

3° FERME.

DÉTAIL. Au premier commandement, on recharge la pièce sur son avant-train comme il a été expliqué, seulement on laisse les leviers dans les anneaux de support. Le canonnier de gauche, aidé du premier servant de son côté, ôte les leviers de l'anneau carré, et en passe un à chacun des premiers servans, aussitôt les premiers servans posent leurs leviers contre la tête du flasque de leur côté, et ôtent les susbandes ; le second servant de droite enraie la roue au rais le plus bas possible, tandis que les canonniers reprennent les leviers qu'ils ont placés dans les anneaux carrés de support, et les posent debout contre les bras du coffret.

Au deuxième commandement, le premier servant de gauche introduit son levier par le gros bout dans l'âme de la pièce, pèse sur la volée à l'aide du premier servant de droite, afin d'élever la culasse ; le canonnier de droite soutient la semelle, celui de gauche abat la vis de pointage, et l'appuie contre l'entretoise de support. Le canonnier de droite, tournant le dos à l'avant-train, place son levier en rouleau sous le premier renfort, et le fait avancer jusqu'au-delà du cintre de mire, de manière que l'arrêtoire dépasse le flasque gauche. Le canonnier de gauche introduit le petit bout de son levier dans l'anse droite, pour maintenir la pièce. Le premier servant de droite place son levier en croix sous celui qui est dans la volée ; le pourvoyeur de droite se porte au levier qui est dans la volée que quitte alors le premier servant de gauche, pour saisir, près de la volée, celui qui est en croix ; le second servant de droite et le pourvoyeur de gauche se portent en dehors au secours des premiers servans.

Au troisième commandement qui est fait, quand l'instructeur s'est assuré que chacun est bien à son poste, et placé de la manière convenable, les servans agissent ensemble, pour faire remonter les tourillons à hauteur des encastremens de route ; lorsqu'ils y sont parvenus, le canonnier de droite tourne autour de son levier, et fait face à l'avant-train. Le premier servant de droite, aidé du second servant du même côté, embarre sous le bouton de culasse ; le canonnier de gauche aidé du pourvoyeur de son côté, embarre sous le premier renfort, tous tournant le dos à l'avant-train : ils soulèvent la culasse pour que le canonnier de droite dégage son levier, le premier servant de droite, aidé du pourvoyeur de son côté, soutient le bouton de culasse, pour qu'ensuite le canonnier de gauche dégage le sien; puis on laisse aller doucement les tourillons dans leurs encastremens, et chacun reprend son poste. Les premiers servans posent leurs leviers contre la tête du flasque de leur côté, et remettent les susbandes ; et le second servant de droite désenraie la roue. Le canonnier de gauche et le premier servant du même côté remettent leurs leviers, puis ceux qu'ils reçoivent du canonnier et du premier servant de droite.

Détail abrégé. Au commandement, amenez l'avant-train, et préparez-vous à changer d'encastrement, *on recharge la pièce sur son avant-train, comme il a été expliqué, seulement on laisse les leviers de support, puis le canonnier de gauche donne aux premiers servans les leviers qui sont dans l'anneau carré, et les canonniers prennent ceux de support. Les premiers servans lèvent les susbandes, et le second de droite enraie la roue au rais le plus bas possible.*

Au commandement, changez d'encastrement, *le levier du premier servant de gauche dans l'âme de la pièce, le levier du canonnier de droite en rouleau sous le premier renfort, le levier du premier servant de droite en croix sous celui qui est dans la volée, le levier du canonnier de gauche dans l'anse droite de la pièce ; le pourvoyeur de droite au levier qui est dans la volée, les premiers servans près de la volée au levier en croix, le second de droite et le pourvoyeur de gauche en dehors à leur secours.*

Au commandement, ferme *, les servans agissent ensemble, et font remonter la pièce jusqu'aux encastremens de route; le premier servant de droite, aidé du second servant de son côté, embarre sous le bouton de culasse; le canonnier de gauche, aidé du pourvoyeur de son côté, embarre sous le premier renfort. Le canonnier de droite dégage son levier, puis le canonnier de gauche le sien, et l'on descend la pièce dans les encastremens de route. Le second servant de droite désenraie la roue, et le canonnier de gauche replace les leviers dans l'anneau carré.*

Exercice de l'obusier de 24.

L'exercice de cette bouche à feu ne diffère presque pas de celui du canon de bataille; on emploie le même nombre d'hommes, et sous les mêmes dénominations, excepté les canonniers que l'on nomme bombardiers, tous ont d'ailleurs les mêmes armemens; le bombardier de gauche a de plus une hausse portative.

Au commandement, *chargez,* fait par le bombardier de droite :

1º Les premiers servans se relèvent, celui de droite avance vers la bouche de l'obusier du pied gauche, et assemble du droit, écouvillonne en tournant la hampe plusieurs fois dans les deux sens, il fait mouliner l'écouvillon, après avoir écouvillonné; le sachet placé, il refoule deux petits coups et retourne à la position, *en action,* par les mouvemens contraires, en faisant encore mouliner son écouvillon.

2º Le premier servant de gauche se porte à la bouche de l'obusier en même temps que celui de droite, en avançant du pied droit, et assemblant du gauche; pendant que le premier servant de droite fait mouliner son écouvillon, il reçoit, par la droite, le sachet, se fend un peu du pied gauche en avant, et le place dans la chambre de l'obusier; il se relève ensuite; et, pendant que le servant de droite refoule, il reçoit par la gauche l'obus décoiffé, qu'il place sur son avant-bras gauche, tenant la fusée de la main droite.

3° Aussitôt que le premier servant de droite retourne à son poste, le premier servant de gauche tournant sur la pointe du pied droit, écarte la jambe gauche, de manière à être en face de la pièce, le corps à la droite de la bouche de l'obusier ; il introduit avec la main droite l'obus au fond de l'âme de l'obusier, ayant soin que la fusée soit bien dans la direction de l'axe. Pour retourner à son poste, il fait un à-droite en se relevant sur la partie droite, avance le pied gauche, de manière à le placer à 18 pouces en dehors de la roue gauche, fait un demi-tour à gauche, en tournant sur la pointe du pied gauche, et reprend la position *en action*.

Les bombardiers et le second servant de droite agissent au commandement *en action*, de même que pour le canon de bataille.

Observations. Avant d'introduire l'obus dans l'obusier, le premier servant de gauche vérifie si la fusée a été bien décoiffée par le pourvoyeur.

Les mouvemens, *en* PARADE, à bras *en* AVANT, et à bras *en* ARRIÈRE, s'exécutent de même que pour le canon de bataille ; le premier servant de droite seul agit différemment.

1° Au commandement *en parade*, le premier servant servant de droite tourne la main droite les ongles en dessous, abandonne l'écouvillou de la main gauche, tournant le dos à l'avant-train, en baissant la brosse pour éviter la roue, et tient son écouvillon parallèlement à la pièce, la brosse un peu plus bas que le refouloir.

2° Au commandement *à bras en avant*, le premier servant de droite porte le pied gauche à côté et à hauteur de la fusée de l'essieu, coupe en arrière du pied droit, et tourne le dos à l'avant-train ; pendant ce mouvement, il tourne la main droite les ongles en dessous, abandonne l'écouvillon de la main gauche, le tient parallèlement à la pièce, la brosse en avant, et un peu plus bas que le refouloir, et saisit, de la main gauche, un rais près la jante.

3° Au commandement *à bras en arrière*, le premier servant redresse l'écouvillon de la main droite, la brosse en bas, le saisit de la main gauche renversée, immédiatement au dessous de la main droite, l'abandonne de celle-ci, et le porte parallèlement à la pièce, la brosse en avant, et un peu plus bas que le refouloir, en partant du pied gauche, et se fendant du droit ; puis il saisit l'anse droite de l'obusier (1).

Manœuvre à la prolonge.

1° La manœuvre à la prolonge, seule usitée devant l'ennemi, nécessite de légères additions à l'exercice des pièces de bataille ; mais avant d'en parler, il faut décrire la prolonge et donner la manière de l'attacher et de la disposer pour la manœuvre.

2° La prolonge est un cordage de 36 à 40 pieds de longueur, et de 11 lignes de diamètre, contenant 4 brins ; elle a une clef en fer ou billot à l'une de ses extrémités.

3° Pour attacher la prolonge à l'avant-train, mesurer à commencer du billot, 30 pieds ; avec le bout qui reste au-delà, envelopper l'armon de gauche de

---

(1) Au commandement *halte*, le premier servant de droite relève l'écouvillon, la brosse en bas, le saisit de la main droite immédiatement au-dessus de la main gauche, qui se trouve renversée, abandonne la hampe de cette dernière main : retourne à son poste en se relevant sur la jambe gauche, fait un pas du pied droit, et tourne sur la pointe de ce pied pour faire face à l'obusier.

trois tours de gauche à droite, en commençant au-dessus de l'armon, et près de la sellette, allant vers la sassoire; le passer dans les anneaux placés derrière la sellette, en envelopper l'armon de droite de trois tours de gauche à droite, commençant au-dessus de l'armon, et s'approchant de la sellette; ramener les deux brins de la prolonge sous la sassoire, et faire le nœud détaillé ci-après :

4° Avec le long bout de la prolonge former dans la main gauche une ganse; avec le petit bout former de même une ganse dans la main droite; croiser la ganse de la main gauche dessus la ganse de la main droite : de la ganse gauche envelopper d'un tour entier la ganse droite, en passant la ganse enveloppante entre les brins qui descendent des armons: introduire l'extrémité de la ganse enveloppante dans l'extrémité de la ganse enveloppée : et tirer le brin libre de la ganse droite, pour serrer le nœud; l'extrémité de la ganse passée servira à recevoir et a arrêter le billot.

Si, en faisant ôter l'avant-train, l'instructeur veut faire mettre la prolonge, il commandera :

Otez l'avant-train = déployez la prolonge.

On ôte l'avant-train comme il a été expliqué : c'est-à-dire que les canonniers posent les crosses à terre, enlèvent le coffret, et vont le porter sur les armons ; le premier servant de gauche et le second de droite placent aussitôt dans les anneaux de pointage les leviers qui se trouvent dans ceux de support. Dès que le coffret est placé, le pourvoyeur de gauche développe la prolonge, passe le billot au canonnier de droite, qui l'introduit par-dessous dans l'anneau d'embrelage, et va le fixer par-dessous dans la ganse formée sous la sassoire : le canonnier de gauche aidant à faire filer la prolonge,

Amenez l'avant-train = reployez la prolonge.

Les canonniers ôtent les leviers de pointage, et les passent au second servant de droite et au premier servant de gauche, puis enlèvent le coffret et le placent entre le délardement des flasques : dès qu'il est enlevé de l'avant-train, le pourvoyeur de gauche dégage le billot; le canonnier de gauche fait filer la prolonge, et fait sortir le billot de l'anneau d'embrelage, tandis que le pourvoyeur de gauche reploie la prolonge autour des équerres à tiges; le reste s'exécute comme au commandement simple, *amenez l'avant-train.*

Si l'instructeur voulait faire amener l'avant-train sans reployer la prolonge; mais seulement en l'arrêtant contre les bras du coffret, ce qui est très-avantageux, lorsqu'on fait un mouvement près de l'ennemi. Il commanderait,

Amenez ⚊ l'avant-train.

La prolonge étant doublée le pourvoyeur de droite en saisit les deux brins, et les tire à lui, de manière qu'elle n'embarrasse pas pour remettre l'avant-train ; dès qu'il est placé, le canonnier de droite tend les deux brins de la prolonge sur l'anneau d'embrelage, et la passe sous les bras du coffret de son côté ; le canonnier de gauche prend ensuite la prolonge pour la passer sous le bras du coffret de son côté, le plus près de la pièce, et le canonnier de droite a soin que le surplus de la prolonge, après avoir coupé obliquement le dessus du coffret, s'appuie en dehors des bras du coffret, de son côté, le plus près des crosses.

Lorsqu'ensuite l'instructeur fait ôter l'avant-train, les canonniers dégagent la prolonge, et celui de droite a soin de la jeter à sa gauche, de manière qu'elle ne se trouve pas engagée lorsqu'on fait avancer l'avant-train.

FIN.

Imprimerie de DEMONVILLE, rue Christine, n° 2.